FREIHEIT

MEINER

DASEINSFREUDE

Wundertütenpoet

VON

TINA HÜSCH

DIE MÖGLICHKEITEN
VON SELBSTBESTIMMUNG UND POESIE

Bibliografische Information der Deutschen Nationalbibliothek: Die Deutsche Nationalbibliothek verzeichnet diese Publikation in der Deutschen Nationalbibliografie; detaillierte bibliografische Daten sind im Internet über dnb.dnb.de abrufbar.

Foto: Katharina Nix

ISBN: 9783754373576

Herstellung und Verlag: BoD – Books on Demand, Norderstedt

ABOUT ME

Ich bin mehr Märchen und mein Leben Magie. Ein bisschen Prinzessin, etwas Hexe und ein Hauch gute Fee.
So drehe ich mich wie ein Blatt im Wind zur Musik, damit sich der Kreis in mir selbst schließen kann.
Gerne verschwende ich meine Zeit beim Beobachten von Hummeln und Schmetterlingen oder gehe beim Muschelnsammeln in mir selbst verloren.
Dadurch kann ich mein eigener blinder Passagier sein und mich immer wieder selbst in eine Welt voller Wunder entführen.
Ein Feuerwerk aus Ideenfunken bewohnt meinen Kopf und erhellt mein Gemüt.
Ich liebe es, in einem Lost Place spazieren zu gehen und die Energie der vergangenen Zeit zu spüren.
So unterwegs folge ich immer mehr den Wünschen meines Herzens.
Komm mit mir und schau Dir an, wie wundervoll die Freiheit des eigenen Lebens sein kann.

TINA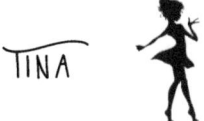

FÜR

MEINER FLAUSEN

FREIHEIT ...

Für alle,

die nach der Freiheit

im Meer der Möglichkeiten tauchen.

Für Dich,

da Du weißt,

dass Freiheit im Herzen geboren wird,

um von dort aus die Welt zu erobern.

INHALT

EINBLICK, EINSICHT, ERKENNTNIS ...

In einem jeden von uns lebt er, der Traum der großen Freiheit, der der Seele Flügel wachsen und das Herz tanzen und höherschlagen lässt.

Dieser Traum gehört in unser aller Leben und wird der ständige Sehnsuchtsbegleiter auf unserer Lebensreise sein.
Für jeden von uns ist es wichtig, Träume zu haben, und jeder Traum bedeutet am Ende ein Stück Freiheit. Ohne Träume wäre der Mensch nur eine ideenlose, leblose Hülle, die ein Pflichtprogramm vollziehend vor sich hin vegetieren würde.
So ist es ein tiefer innerer Wunsch eines jeden von uns, schwerelos und unabhängig zu sein, sich von den lähmenden Verpflichtungen des ständigen Alltagsgraus zu befreien und auf die Melodie der eigenen Seele zu hören.
Wir alle streben im Leben danach, uns frei zu fühlen, und es gibt nichts, was uns mehr in die Enge treibt, als das Gefühl, eingesperrt in einem Käfig zu sitzen, auch wenn dieser golden ist.

Die Fesseln von Verpflichtungen und Erwartungen lassen uns unsere Leichtigkeit verlieren und geben uns das Gefühl, in die Tiefe gezogen zu werden. Unser Atem wird schwer und unsere Gedanken werden grau.
Viel zu oft vergessen wir Menschen allesamt, dass die Freiheit zur Entfaltung der eigenen Persönlichkeit ein Grundrecht ist.

Dieses so wichtige Grundrecht hat durch zu viele Verpflichtungen und Regeln ein paar hässliche Kratzer und Löcher bekommen, die es zu reparieren gilt, da sie ansonsten unser Dasein unglücklich machen.

Allen Lebewesen ist es gleich, das Gefühl der Freiheit! Kein Geschöpf kann in Gefangenschaft unendlich glücklich werden.

Ein jeder braucht einen freien Blick Richtung Horizont und ein jeder arbeitet auf seine Weise daran, die Wolken, die diesen Blick versperren, zu vertreiben.

Es sei denn, man resigniert, doch Resignation ist ein stückchenweiser Tod des eigenen Seelenpotentials, des eigenen Selbst. Das „Ich" lebt zwar weiter, doch die Seele verkümmert langsam immer mehr.

Auch ist es folgenschwer, sich selbst zu belügen und das eigene Freiheitsglück immer nur auf später zu verschieben. Denn wer immer nur an später denkt, wird es nie schaffen, im Hier und Jetzt der Zufriedenheit zu begegnen, er wird sich getrieben und fremdbestimmt vorkommen und sich in sich selbst verlieren.

Ein jeder sollte sich darüber klar werden, dass das Leben immer nur in der Gegenwart stattfindet und dass die Vergangenheit vergangen und die Zukunft zwar von der Gegenwart bestimmt, doch immer erst nach der Gegenwart stattfinden wird.

Uns allen fehlt es an Achtsamkeit für den Augenblick und einem Stillstand des sich ständig drehenden Gedankenkarussells, um den Augenblick der Gegenwart zu genießen.

Wir verschieben zu viele Dinge, die die Seele zum Atmen braucht, auf später, dies lässt uns wie ferngesteuert wirken.

Dadurch bestimmen nicht wir die Dinge und somit unser Leben, sondern die Dinge beginnen uns zu bestimmen und nehmen Einfluss auf unser Leben, den wir gar nicht wünschen.

Wir vertagen, verschieben, verzögern und stellen zurück, ohne zu beachten, dass unser jetziges Erdensein in dieser Form nicht für ewig Bestand haben wird.

Viel lieber sollten wir uns klarmachen, dass irgendwann doch irgendwie zu oft nur ein anderes Wort für NIE ist!

Denn nur eins ist gewiss, irgendwann wird es zu spät sein.

Verschiebe aus diesem Grunde Deine wichtigen Herzensangelegenheiten nicht auf später, nimm Dir die Zeit, für Deine Lieben da zu sein und schöne Augenblicke mit ihnen zu genießen, die Zeit wird an Dir vorüberziehen und sie wird immer das hinterlassen, was Du aus ihr gemacht hast.

Nutze die Zeit, nutze die Möglichkeiten, denn das letztendlich ist die eigentliche Freiheit Deines Seins.

Die Möglichkeiten zu erkennen und die Chancen, die sich aus den verschiedenen Möglichkeiten ergeben, in das eigene Leben einzubauen.

Somit ist es wichtig, auf seine Träume aufzupassen, ihnen Raum und Zeit zu geben, damit sie im Hier und Jetzt wachsen und Wirklichkeit werden können, damit die Seele etwas hat zum Glücklichsein.

Jeder von uns hat Verpflichtungen, doch wir müssen aufpassen,
dass wir unseren Geist nicht zu Tode teilen, wenn die Verpflichtungen immer mehr und der Spaß immer weniger wird.

So schenk Deinem inneren Kind jeden Tag ein paar Minuten, um seine Flausen zu betrachten, auf dass immer genügend Chaos in Dir ist, aus dem etwas Wundervolles entstehen kann.

Denn dieses wundervolle Chaos in Dir ist Deine eigene Kreativität, die Dich jeden Tag aufs Neue darum bittet, ihr etwas Aufmerksamkeit zu schenken, damit sie ein neues kleines Wunder gebären kann.

Denn Deine Freiheit drückt die Qualität Deines Lebens aus. Sie ist die Form, aus der letztendlich alles entstehen wird.

Freiheit ist etwas, das man nicht mit eingrenzenden Worten oder Handlungen beschreiben kann, Freiheit ist etwas, was der Mensch zum Leben braucht, so wie Sauerstoff und Nahrung.

Freiheit ist eine Form für Phantasie, eine Form für Kreativität, eine Form aller Möglichkeiten, die Tiefen der eigenen Seele zu erkennen und sich sein eigenes Sein zu erdenken.

Denn die Freiheit der Seele gibt einem die Kraft, sich über Grenzen zu erheben, die das eigene Leben einengen.

Die eigene Freiheit gibt uns die Möglichkeit, sich dem zu entziehen, was unsere Seele hindert zu wachsen, die Räume zu erkennen, die man Möglichkeiten nennt, um daraus etwas Wundervolles im Leben zu gestalten.

Die Selbstbestimmung und die Autonomie stehen im Mittelpunkt unseres Lebens und können mit Hilfe unserer eigenen Vernunft auch unsere eigenen Freiheitsideale enthalten.

Wichtig ist es, der eigenen Seele treu zu sein, denn auch darin liegt ein großes Stück Freiheitsdenken verborgen.

Freiheit ist die Gewissheit in unserem Inneren, die Wahl zu haben, eigenständig Entscheidungen treffen zu können und keinen Zwängen zu unterliegen.

Freiheit erst gibt uns die Möglichkeit, die eigene Persönlichkeit zu entfalten und dadurch unsere ganz eignen Lebensziele erreichen zu können.

Für jeden Menschen bedeutet Freiheit etwas ganz Persönliches und Individuelles, auch wenn sie zum Schluss ein Gefühl widerspiegelt, das in uns allen lebt und das Fundament des Glücks darstellt.

Und um genau dieses **Gefühl** geht es im Leben.

G – lück
E – hrlichkeit
F – aszination
Ü – berblick
H – armonie
L – eichtigkeit

Wenn man auf der Suche nach **Glück** die pure **Ehrlichkeit** der eignen Seele findet, wird man mit großer **Faszination** feststellen, dass man nur den **Überblick** des Herzens braucht, um die **Harmonie** der **Leichtigkeit** leben zu können, die Freiheit heißt!

Mach Dir genau diese Erkenntnis der Leichtigkeit zu eigen, dann werden sich in Deinem Leben Probleme auflösen, sodass die innere Zufriedenheit in Deiner Seele wohnen kann, und mit ihr werden Glück und Harmonie einziehen.

FREIHEIT MEINER SEELE

In mir lebt ein Gefühl,
das sich Freiheit nennt
und meiner Daseinsfreude entgegenrennt.
Es tanzt mit meinem Lachen,
wohnt in meinem Bauch
und singen kann es auch.
Es lässt mein Herz hüpfen,
die Augen leuchten,
als bräuchten sie nichts mehr
als nur ein wenig Sonnenschein
zum endlos glitzernden Glücklichsein.
Die Freiheit ist mein Lebenssinn,
ist so tief mitten in mir drin,
sie macht meine Seele weit,
gibt meinen Ideen Geleit
und spannt meine Flügel breit.
So kann ich fliegen mit dem Wind,
unbändig glücklich sein wie ein Kind.
Ich nehme alles Schwere leicht,
weil die Freiheit den Farben meiner Seele gleicht
und alles Böse von mir weicht,
so bin ich unendlich reich!

In der Freiheit liegen alle Möglichkeiten und Chancen des Lebens versteckt, lerne sie zu nutzen und genieße Deine Zeit hier auf Erden.

Sei gut zu Deiner Seele und werde Dir auch klar darüber, dass man im Leben genießen können sollte, denn wer nichts genießen kann, der wird mit der Zeit selbst ungenießbar.

DIE FREIHEIT IST EIN SO HOHES GUT, SIE TUT UNSREM LEBEN GUT, GIBT UNS IMMER FRISCHEN MUT, DARUM GIB IHR IHREN PLATZ, ERWÄHNE SIE IN JEDEM SATZ, LASS DEINER SEELE FLÜGEL WACHSEN UND SCHREITE MIT EINEM LACHEN DURCH DIE LEBENSGASSEN.

ERSTER STREICH ...

Weil ich nicht will, dass **Positives Denken** nur ein **Privileg** von meines Geistes **Freiheitsvogel** ist, breite ich meinen **Erfahrungsschatz** aus und lasse Dich in meinem **Lebenstagebuch** lesen, so kann die **Weltenverrücktheit Tageswunder** erleben und keiner wird mehr **Darf man das?** fragen, wenn die **Freiheit meiner Seele** die eigene **Wunderabenteuerwelt** bereist und **Die Freiheit in der Hand** als Souvenir in die Realität mitbringt.

WEIL ICH NICHT WILL

Weil ich NICHTS wollte,
ist dieses Gedicht entstanden
und hinaus in die Welt gegangen.
Weil ich vieles anders seh
und meine Meinung hab,
halt ich euch ganz schön auf Trab.
So bin ich für euch klein, bunt und schrill,
doch ich bin´s, weil ich es will.
Kann die Wunder hinter eurem Nebel sehn
und die Sehnsucht eurer Seele verstehn.
Drum werd ich bleiben, wie ich bin,
ist´s doch nur zu eurem Gewinn,
so haben eure Gedanken Sinn,
wenn ich bin in euren Köpfen drin.

Positives Denken

Durch positives Denken
kannst du dein Leben lenken,
durch negative Gedanken,
entstehen nur neue Schranken.
So lasst uns zusammen positiver sein,
dann ist auch keiner mehr allein.
Im Leben gibt es so viele Möglichkeiten,
wir können in sie hineingleiten,
mit der Kraft dieser Energie,
entsteht immer ein neues Wie
für dein eigenes Warum
und alle Probleme sind ganz stumm.

PRIVILEG

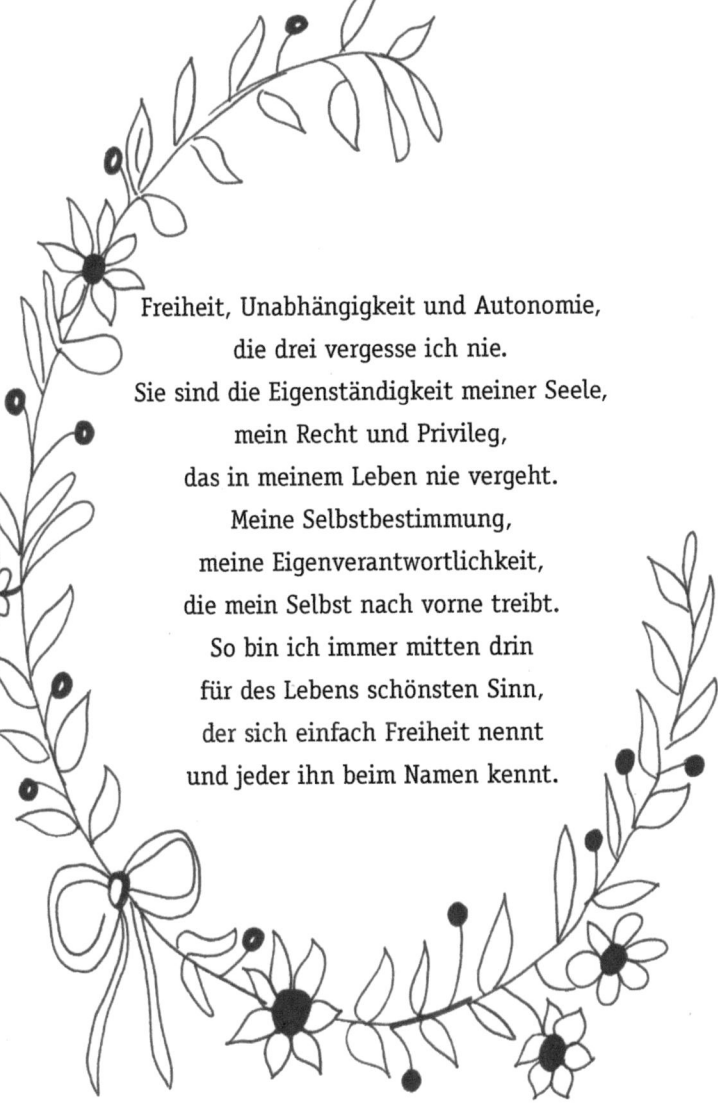

Freiheit, Unabhängigkeit und Autonomie,
die drei vergesse ich nie.
Sie sind die Eigenständigkeit meiner Seele,
mein Recht und Privileg,
das in meinem Leben nie vergeht.
Meine Selbstbestimmung,
meine Eigenverantwortlichkeit,
die mein Selbst nach vorne treibt.
So bin ich immer mitten drin
für des Lebens schönsten Sinn,
der sich einfach Freiheit nennt
und jeder ihn beim Namen kennt.

FREIHEITSVOGEL

Keiner kann die Freiheit sehen,
denn sobald du sie einsperrst,
wird sie gehen.
Die Freiheit ist nur ein Gefühl
und alle Enge ist ihr zu viel.
Die Freiheit ist der Vogel in dir drin
und gibt allem einen Sinn.

ERFAHRUNGSSCHATZ

Ich hab mich so gefreut,
ich hab nichts bereut.
War es auch nicht immer leicht,
so bin ich doch jetzt unendlich reich.
Hab einen großen Schatz,
der sich Erfahrung nennt,
der für mich die Schönheit in allem erkennt,
so ist mir die Traurigkeit fremd,
da sie mich nicht beim Namen nennt,
weil sie ihn nicht kennt.

LEBENSTAGEBUCH

Jeder Tag ist ein Geschenk,
also lenk ihn in die schöne Richtung,
so wird er zu einer wundervollen Dichtung
in deines Lebens Tagebuch,
wo er sich die schönsten Seiten sucht.
Schreib ihn nieder,
dann kommen weitere Tage wie dieser.
Die dir fröhlich ihr Lachen schenken,
um mit der Zeit alles in Richtung Freude zu lenken.

WELTENVERRÜCKTHEIT

Ich möchte nicht beurteilt werden,
um dann nur verurteilt zu werden.
Ich möchte meine Zeit genießen,
um im Leichtsinn meiner Ideen zu zerfließen.
Möchte stets das Blau des Himmels sehen,
um meine Seele zu verstehen.
Möchte frei sein
wie der Wind
und ungebändigt wie ein Kind.
Möchte an alle Wunder glauben,
Problemen ihre Zukunft rauben,
so bin ich stets quietschvergnügt
und in die Weltenverrücktheit unendlich verliebt.

TAGESWUNDER

Und die Wolken ziehen weiter
und die Wellen schwimmen fort,
so bleibt nichts am selben Ort.
Lass auch du dein Leben fließen,
wisse, dass du hier nur endlich bist,
doch die Unendlichkeit dich nicht vergisst.
So tanz dein Leben
und fühl dich frei,
dann ist an jedem Tag ein Wunder für dich dabei!

31

DARF MAN DAS?

Lachen, Freude entfachen!
Nicht fragen: „Darf man das?",
einfach machen für den Spaß.
So können die Wolken von Schäfchen träumen
und der Geist wird keinen Spaß mehr versäumen.

FREIHEIT MEINER SEELE

Die Freiheit meiner Seele hat es nie gestört,
was die anderen sagen.
So war mein Geist noch nie empört,
denn wofür hab ich ein Herz,
wenn ich nie drauf hör?
Will mir selbst treu bleiben,
die Schatten aus dem Herzen treiben.
Mich auf zu neuen Ufern machen,
um wieder endlos viel zu lachen.
So durchglitzere ich mein Leben,
dann wird´s nur Schönes in ihm geben.

WUNDER-
ABENTEUERWELT

Die Freiheit, die ich meine,
gehört mir nicht alleine,
in jedem von uns lebt ein Stück
von diesem großen Glück.
Wenn wir es finden,
bringt´s uns zurück
in eine Wunderabenteuerwelt,
die glücklich unser Sein erhellt.
So hab ich´s heut für uns bestellt,
den Kompass auf Richtung Wunder eingestellt.
So können wir leben in diesem Land
und Traumschlösser bauen aus Sand.

DIE FREIHEIT
IN DER HAND

Die Freiheit sitzt in meiner Hand,
von der Weite der Welt ist sie ganz gebannt.
Ich lass sie sitzen,
drück nicht zu,
dann bleibt sie bei mir und hört mir zu.
So kann ich wieder die Sonne sehen
und die Fröhlichkeit in allem verstehen.
Werde hinter jeder Wolke ein Lachen finden,
so kann mir in der Zukunft alles gelingen,
wenn die Freiheit wird in meiner Seele klingen.

ERKENNTNISSE DES ERSTEN STREICHS ...

FÜHL Dich in Deine Seele hinein und entdecke die Sehnsucht Deiner Freiheit.

Mach Dir bewusst, dass Freiheit Zeit für das eigene Sein bedeutet, und notiere Dir hier Deine kleinen Freiheitsinseln, damit sie wachsen können, und denk immer daran, Dir etwas Schönes zu gönnen!

....
....
....
....
....
....
....
....
....
....
....
....
....
....
....
                        ....
                        ....
                        ....
                        ....
                        ....
                        ....

. . . .
. . . .
. . . .
. . . .
. . . .
. . . .
. . . .
. . . .
. . . .
. . . .
. . . .
. . . .
. . . .
. . . .
. . . .
. . . .
. . . .
. . . .
. . . .
. . . .
. . . .
. . . .
. . . .
. . . .
. . . .
. . . .
. . . .

ZWEITER STREICH ...

Such die Freiheit in Deinem Leben und lade sie zum Bleiben ein, nur so kann sie sein. Schließ niemals die Tür, denn nur so gehört sie Dir!

DIE FREIHEIT IST EIN HOHES GUT UND IHRE ANWESENHEIT TUT UNENDLICH GUT!

Sorgenblind im Sommerwind möchte ich **Wellenreiten** und dem **Meeresrauschen** zuhören, damit **Zwischen zwei Fragen** aller **Julischnee** zu **Regenbogenpfützen** schmelzen kann. So kommt **Das Neue nach dem Alten** und der **Freudenzwerg** in mir sagt: **Zum Tanz, bitte,** da kribbelt es mein **Blutsgeheimnis,** denn **Nicht ohne ...** bedeutet immer mit Lebensfreude und Frohsinn im Blut.

SORGENBLIND IM SOMMERWIND

Ich bin mitten drin
in meiner Zeit,
auf der Suche nach Freiheit
lauf ich kilometerweit
und spür die Einheit mit dem Sommerwind.
Ich fühl mich wieder wie ein Kind,
weil die Fröhlichkeit und ich zusammen sind.
So bin ich für die Sorgen blind.

WELLENREITEN

Komm, lass uns im Meer der Möglichkeiten
Wellen reiten,
der Sonne entgegengleiten
und fliegen mit dem Wind,
für alle Sorgen blind.

MEERESRAUSCHEN

Liebst du das Meeresrauschen
oder magst du der Stille lauschen?
Kannst du die Tiefe der Seele erkennen
und sie bei ihrem Namen nennen?
Siehst du der Sonne Sonnenschein,
dann fühlst du dich nicht mehr allein.
So bist du mit allem verbunden,
seit so unzählig vielen Runden.

ZWISCHEN ZWEI FRAGEN

Zwischen zwei Fragen
werd ich die dritte sein,
und ohne die Antwort abzuwarten,
neu durchstarten.
So entgeh ich aller Last
und kenne keinen Hass.
Mein Leben wird ein Märchen sein,
alles Wasser wird zu Wein
und ich dann mittendrin,
geb mit meiner Limo allem Sinn.
So ist nichts, wie es erst scheint,
denn der Letzte wird der Erste sein.

JULISCHNEE

Im heißen Julischnee hab ich vergessen, wohin ich geh ...
Alles in meinem Kopf ist verdreht,
doch die Freiheit lebt.
Werd alles neu sortieren,
fühl mich wie neu geborn,
hab mich der Freiheit verschworn,
so hab ich es mir auserkorn.
Hab mein Glück gefunden,
fühl mich mit mir verbunden,
so heilen meine Wunden.

45

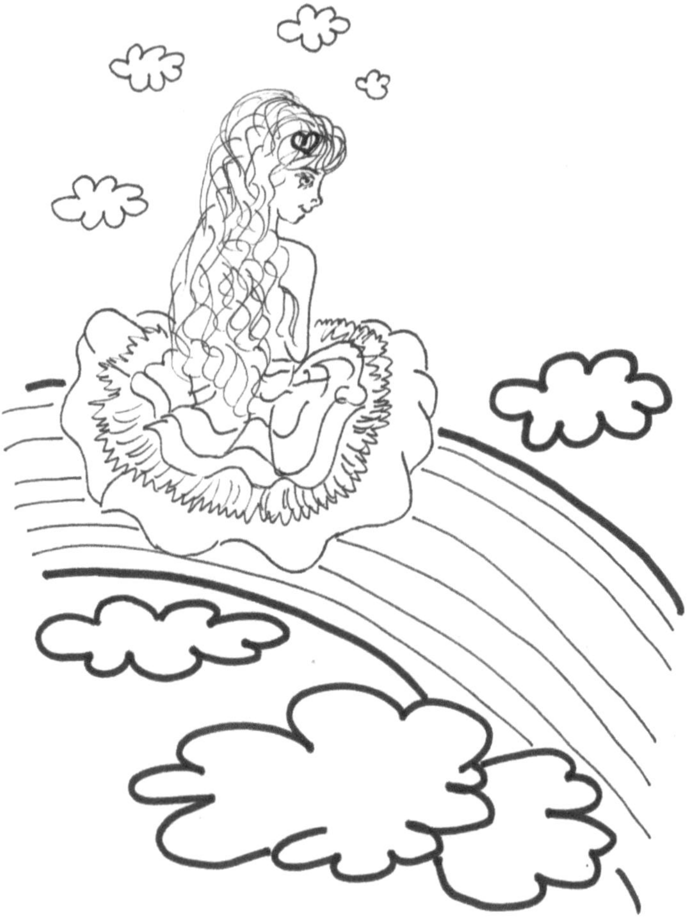

REGENBOGENPFÜTZEN

Eigentlich würde ich heute auf dem Regenbogen sitzen
und von oben springen in die Pfützen,
doch dann hab ich mich für'ne Runde Erdenleben entschieden
und bin nicht beim Regenbogen geblieben.
Nun kommt er mich manchmal besuchen,
wenn die Menschen über Regen fluchen.
Ich kann in jedem Tropfen die Sonne sehen
und dadurch spielend zum Regenbogen gehen.
So wünsche ich auch dir des Himmels Geleit,
sei für die Wunder dieser Erde bereit.

DAS NEUE NACH DEM ALTEN

Lass deine Gedanken frei,
dann ist die Freude mit dabei,
zusammen seid ihr zwei,
die unzertrennlich sind
und wieder spielen wie ein Kind.
So fängt das Neue nach dem Alten an.
Komm, lauf los,
warte nicht auf irgendwann,
dann kommst du auch an.

FREUDENZWERG

In mir lebt ein Königreich ohne Palast.
Es ist ein Rummelplatz mit ganz viel buntem Wunder.
Ein Fleckchen Sein,
mein Freudenzwerg
auf meines Herzens großem Berg,
da treibt er still sein Wunderwerk.
Ich hoffe, dass es jeder merkt
und überall sucht nach seinem Zwerg,
für der Seele Wunderwerk,
auf des Herzens großem Berg.

ZUM TANZ, BITTE

Heute bitte ich meine Monster zum Tanz.
Ich mach ihnen die Haare schön,
dann darf sie auch jeder sehn.
Zieh ihnen die schönsten Kleider an,
damit ich auf sie stolz sein kann.
Poliere auch die Krallen auf,
so haben sie ihren großen Lauf.
Ab heute bringen mich meine Monster bergauf,
und ich bin immer nur gut drauf!

BLUTSGEHEIMNIS

Das Zuhause der Seele
ist meines Geistes Daheim,
so darf mein Blut eine Wunderwerkstatt sein.
Das Geheimnis ist die Geduld,
so lebt des Magiers Huld
in meines Blutes Kult.
Es ist ein herrlicher Tumult,
weil meine Blutgruppe so schön nullt.

NICHT OHNE ...

Das Leben ist nicht ohne Glitzer,
wenn du ihn draufstreust,
dir vertraust,
auf deine Träume baust
und den Sorgen eine haust.
Komm, und fühl dich frei,
sei mit guten Ideen dabei,
mach einen Sonnentag daraus,
auch wenn du vor Schneegestöber deinen Augen nicht traust,
dann kommt deine Seele ganz groß raus!

ERKENNTNISSE DES ZWEITEN STREICHS ...

DA Du immer mehr spürst, wie wichtig Freiheit ist, fühle Dich in Deine liebsten Menschen hinein und schenke ihnen ein bisschen Freiheit.
Schreibe hier die Freiheitsgeschenke für Deine Liebsten auf, dann geht alles seinen Lauf.

. . . .

. . . .

. . . .

. . . .

. . . .

. . . .

. . . .

. . . .

. . . .

. . . .

. . . .

. . . .

. . . .

. . . .

. . . .

. . . .

. . . .

. . . .

. . . .
. . . .
. . . .
. . . .
. . . .
. . . .
. . . .
. . . .
. . . .
. . . .
. . . .
. . . .
. . . .
. . . .
. . . .
. . . .
. . . .
. . . .
. . . .
. . . .
. . . .
. . . .
. . . .
. . . .

DRITTER STREICH ...

Die Freiheit will in Freiheit sein, denk daran, dann lässt sie Dich nie allein.

SO WERDEN MEINE GEDICHTE SPRECHEN UND ALLE KETTEN DER VERPFLICHTUNG BRECHEN!

Im **Tretboot** des Lebens, **Nirgendwo im Irgendwo** ist man mit seiner Seele **Unter sich,** um die **Gunst der Kunst** zu nutzen und den **Freiheitsschritt** zu wagen. Nur so kann man ohne **Dritte Mahnung** in einer **Welt zwischen den Stühlen** das **Leben aufräumen,** damit die Freiheit **Wirklichkeit werden** kann. **Es lebe die Leichtigkeit,** damit in Zukunft **Krumme Sachen** entlarvt werden, denn nur so kann das Leben **Aus Gold** sein.

TRETBOOT

Lasst uns mit dem Tretboot nach Sansibar fahren
und dort mit unserer guten Laune bezahlen.
Lasst uns unterwegs ein Fest entfachen
für all die ungelebten verrückten Sachen.
Es wird mal wieder Zeit zu leben,
unsre Träume nicht aufzugeben.
Lasst uns fahren auch bei Regen,
wer hat schon was dagegen,
das Glück wieder zu erleben,
so was nennt man Freude geben.

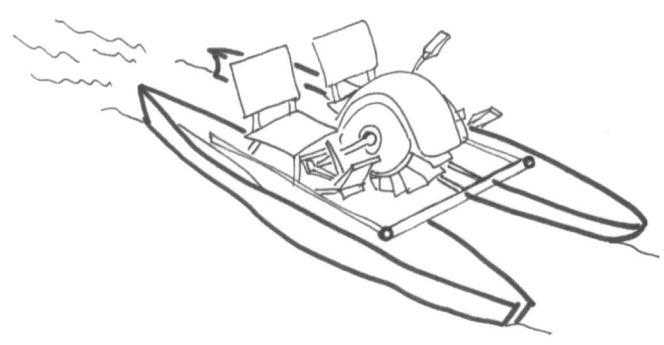

NIRGENDWO IM IRGENDWO

Von hier an geht´s nach nirgendwo,
das ist irgendwo.
Lass uns gehen irgendwann,
damit es irgendwie gelingen kann.
Denn das Nirgendwo im Irgendwo macht uns frei.
So lasst uns unsere Zeit verschwenden,
denn sie wird irgendwann mal enden.
Und irgendwie wenden wir so
das Nirgendwo ins Irgendwo,
und das macht unsere Seele froh.

UNTER SICH

Ich brauch niemand,
der mir zeigt, wie es geht,
da es keiner je versteht.
Denn aus diesem Grunde sind wir hier,
meine Seele, mein Geist, mein Ich, mein Wir.
Wir wollen unser Sein genießen
und die Traurigkeit erschießen.
So zerfließt mein Wir im Ich,
doch was interessiert es mich.
Es passiert ganz ohne Stich,
so kann man sein unter sich!

GUNST DER KUNST

Hinter mir die Sonne,
vor mir die Sterne,
ich mag mein Leben so gerne.
Liebe dieses glitzerbunte Sein,
so wie andre Menschen Wein.
Bin betrunken vom bloßen Leben,
es ist so ein herrlich buntes Schweben,
denn zu erkennen, dass man glücklich ist,
ist KUNST,
so lebe die Erkenntnis der Gunst,
manche Seelen sehen nur den Dunst.
Fang sie ein, die Gunst,
mach sie zu deiner Kunst,
sei glücklich und frei,
es ist alles so schnell vorbei.

61

FREIHEITSSCHRITT

Die Freiheit ist uns immer einen Schritt voraus,
sie sitzt draußen vor dem Haus,
wartet auf die Reise ins Abenteuerland,
ist vor Wundern und Ideen
schon ganz gespannt.
Noch ist sie nicht weggerannt,
also reich ihr die Hand,
erschaff zwischen euch ein Band
und lass die Ideenwunder leben,
bis alles beginnt zu schweben,
so kannst du der Freiheit Hoffnung geben
auf ein wundervolles Abenteuerleben.

63

DRITTE MAHNUNG

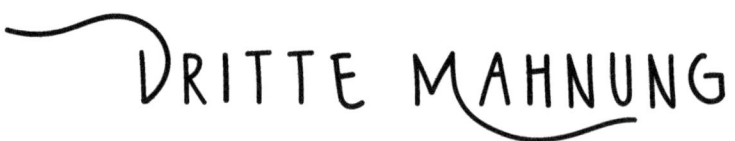

Manche Tage sind wie ´ne dritte Mahnung,
ohne Vorwarnung schlagen sie zu,
die Freude ist aus im Nu.
Deshalb höre mir zu,
frier dir immer ein bisschen Freude ein,
dann kannst du auch im Alltagsgrau zu jederzeit glücklich sein.
Kannst sie teilen, deine Freude,
dann kommt ganz viel zurück
zu einem riesengroßen Freudenstück.
So geht die Freude niemals aus,
tau immer ein Stück deiner eingefrorenen Freude auf,
dann herrscht Freude in jedem Haus.

WELT ZWISCHEN DEN STÜHLEN

Da gibt es diese Welt zwischen den Stühlen,
die sich in die andere Richtung drehenden Mühlen,
gegen die man jeden Kampf verliert,
so ist man einfach nur deprimiert.
Diese entsetzliche Lücke
mit ihrer endlos großen Tücke.
Dieses nicht ausgesprochene Wort
an dem verlorenen Ort.
Eigentlich wollte man nur fort,
doch man nimmt sich überall hin mit,
bis man ist mit dem Schicksal quitt.
Nimm nicht alles so schwer,
sonst wirst du innerlich ganz leer.
Lass wieder den Glitzer raus,
dann fühlt deine Seele sich zuhaus!

LEBEN AUFRÄUMEN

Endlich allein,
von allen Problemen verlassen,
liebe ich es, frei zu sein,
in meiner Seele rein,
bin ich ganz mein,
werde nichts versäumen,
meine Träume träumen
und ganz gekonnt mein Leben aufräumen.

WIRKLICHKEIT WERDEN

Die Freiheit wartet immer hinter der Tür,
deine Zukunft, sie gehört dir.
Also mach sie auf
und schau nicht nur aus dem Fenster raus.
Nur im Netz kannst du nicht leben
und durch tote Träume schweben,
komm, lass sie leben und Wirklichkeit sein,
dann kommen auch die Wunder in dein Leben rein.

ES LEBE DIE LEICHTIGKEIT

Für meinen Leichtsinn ist meine Traurigkeit zu schwer.
Das stört die liebe Traurigkeit gar sehr,
doch meine Seele mag nicht mehr.
Sie will fliegen mit dem Wind,
im Freien spielen wie ein Kind.
Im tiefen Grün des Waldes baden,
den Unsinn zu einer Party einladen,
mit ihm in alle Pfützen springen
und schrill viele laute Lieder singen.
Oh, diese blöde Traurigkeit
sitzt so fest wie ein zu enges Kleid.
Langsam wird es meine Seele leid,
die Traurigkeit ist zu schwer für meine Leichtigkeit.
So kommt nun meine Zeit,
ich lass die Traurigkeit ausziehen,
werd von nun an vor ihr fliehen
und mit der Freiheit von dannen ziehen,
damit meine Leichtigkeit
ihren maximalen Spaß erreicht!

KRUMME SACHEN

Wenn das Leben eine Prüfung wäre,
welche Note würdest du bekommen?
Denk ganz besonnen drüber nach,
wenn du die krummen Sachen wagst.
Damit es nicht zu sehr an deinem Gewissen nagt.
So kannst du die schönen Wege gehen
und des Lebens Sinn verstehen!

AUS GOLD

Meine Nächte sind aus Gold
und werden morgens vom Feenstaub überrollt.
So kann der Tag erwachen,
verrückte Sachen machen
und herzlich mit mir lachen.
Alles leuchtet und glitzert in mir hell,
für so manch einen zu grell!

ERKENNTNISSE DES DRITTEN STREICHS ...

MIT der Freiheit kommt die Leichtigkeit und mit der Leichtigkeit die innere Zufriedenheit und so ist es an der Zeit, die Freude festzuhalten, um die Traurigkeit loszulassen und das Leben zu gestalten.

Schreib hier Deine Sehnsuchtswünsche nieder, dann kommt die Freiheit durch sie immer wieder.

. . . .

. . . .

. . . .

. . . .

. . . .

. . . .

. . . .

. . . .

. . . .

. . . .

. . . .

VIERTER STREICH ...

Nun weißt Du, wie gut Freiheit der Seele tut und dass Freiheit und Liebe die größten Geschenke sind, die wir Menschen uns gegenseitig machen können.

KOMM UND LIES WEITER IN MEINEN GEDICHTEN UND ERSCHAFFE DIR SO DIE WUNDERVOLLSTEN ANSICHTEN.

Sei **Frei und dabei**, damit Dein **Seelenhippie** sein **Eigenes Wunder** erleben kann. Denn zum **Glückswissen** gehört es, ein Teil von **Illuminati** zu sein, damit der **Lebenskreis** sich schließt. So sitzt meine Seele in Gedanken immer **Am Meer** und wird **Am Ende dieser Welt**, wenn **Mein Weg zurück**geht, **Alles erkennen** und des Lebens Freiheit als **Am schönsten** benennen!

FREI UND DABEI

Ich fühle mich das erste Mal frei,
an mir ziehen gerade 1000 Wunder vorbei.
Ich liebe mein Leben,
diese unendliche Poesiereise,
und genieße sie auf meine Weise.
So erkenn ich mich
und habe zu allem meine eigne Sicht,
ich bin so frei,
bei allem dabei.

SEELENHIPPIE

Meine Seele ist ein Hippie,
sie kann die Sonne hören,
die Sterne spüren
und das Meer schmecken.
Sie ist euphorisch,
auch wenn sie sehr hilflos scheint,
ist sie dennoch mit dem Wunder der Unsterblichkeit vereint.

EIGENES WUNDER

Ich will alle Ketten sprengen,
aus meinen tiefsten Tälern rennen.
Die Türen der alten Käfige öffnen,
so bin ich für den Sprung bereit,
mache meine Arme weit,
lass meine Federn wachsen
und bin mein eigenes Wunder,
entgegen all dem Kummer.

GLÜCKSWISSEN

Wusstest du,
dass sich das Glück in einer Gummibärchentüte verstecken kann?
Hast du gehört,
dass ein spielendes Blatt im Wind die größte Leichtigkeit besitzt?
Ist dir bekannt,
dass die Freude auf dem Grund von Pfützen wohnt?
Weißt du,
dass der Humor zwischen Herz und Bauch lebt
und von dort aus versucht die Fröhlichkeit in dir zu wecken?
Also höre auf, dich vor den schönen Gefühlen zu verstecken,
lass dich von der Freude necken,
mach mit, für ein Morgen ohne Schrecken.
Dann kommen die Wunder von den Orten,
wo sie in den Träumen wohnen.
Glaub mir,
es wird sich für dich lohnen.

ILLUMINATI

Meine Gefühle feiern Party,
ich fühl mich als Teil von Illuminati.
Das alles gibt die Freiheit mir,
ein Gefühl,
das ich nie mehr verlier.

LEBENSKREIS

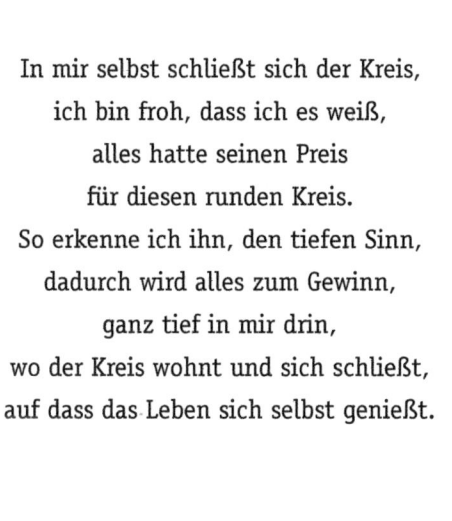

In mir selbst schließt sich der Kreis,
ich bin froh, dass ich es weiß,
alles hatte seinen Preis
für diesen runden Kreis.
So erkenne ich ihn, den tiefen Sinn,
dadurch wird alles zum Gewinn,
ganz tief in mir drin,
wo der Kreis wohnt und sich schließt,
auf dass das Leben sich selbst genießt.

AM MEER

Ich sitze am Meer,
meine Seele freut sich sehr.
Nixen werfen mir Muscheln an den Strand,
ich sammle sie alle aus dem Sand.
Mein Lachen erhellt die Sonne und den Mond,
erfreut den Mann, der darin wohnt.
Seesterne tanzen mir zur Freude,
ACH, was fühl ich mich so frei HEUTE!

AM ENDE DIESER WELT

Am Ende dieser Welt
hab ich meine Seele zum Tee
mit meinem Geist einbestellt.
So können die beiden ein wenig plaudern
und müssen nicht über die Traurigkeit zaudern.
Sie können ein neues Spiel ausmachen
und zusammen über das Leben lachen.
So erwacht aus beiden in mir drin
ein wundervoller Neubeginn.

MEIN WEG ZURÜCK

Wo werd ich sein,
wenn ich nicht mehr bin?
In welche Dimensionen werd ich dann wechseln?
Gott, Allah und die Quantenphysik,
wohin geh ich mal zurück?
Wen werd ich dann treffen,
um über mein Leben zu sprechen?
Werd ich meine Freiheit finden,
an wen wird sich meine Hoffnung binden?
Auf meinem Weg zurück ...
Doch bis dahin ist es noch ein ganzes Stück ...

ALLES ERKENNEN

Ich tausche die Dunkelheit gegen das Licht,
kann mich nicht mehr am Feuer verbrennen.
Werde von nun an alles beim Namen nennen
und die Schönheit in allem erkennen.
So werde ich mich nie mehr von meiner Freiheit trennen.

AM SCHÖNSTEN

Wenn es am schönsten ist,
dann soll man gehen,
so bleiben alle Wunder stehn.
Deine Seele wird sie immer sehn,
denn dein Augenblick,
bleibt für die Ewigkeit in deiner Seele zurück.

ERKENNTNISSE DES VIERTEN STREICHS ...

JETZT nach so vielen Gedichten, Ansichten und kleinen Geschichten konnte der Sehnsuchtswunsch Deiner eigenen Freiheit wachsen.
Lass Dir von niemandem auf dieser Welt die Flügel Deiner Seele nehmen.
So komm und schreib hier alle Dinge nieder, aus denen Du Kraft ziehst, die Wege Deiner eigenen Freiheit zu gehen!

. . . .

. . . .

. . . .

. . . .

. . . .

. . . .

. . . .

. . . .

. . . .

. . . .

. . . .

. . . .

. . . .

. . . .

. . . .

. . . .

. . . .

. . . .
. . . .
. . . .
. . . .
. . . .
. . . .
. . . .
. . . .
. . . .
. . . .
. . . .
. . . .
. . . .
. . . .
. . . .
. . . .
. . . .
. . . .
. . . .
. . . .
. . . .
. . . .

89

SCHLUSSHOFFNUNG

Ich hoffe,
dieses Büchlein hat Dir geholfen,
die Freiheit Deines Herzens zu finden
und ihr alle Türen zu öffnen,
damit sie zusammen mit Deinen Träumen
die Wunder Deiner Seele malen kann.
Dadurch werden die schönsten Lebensbilder
entstehen, nimm nur die buntesten Farben,
damit das Glück geweckt werden kann.
Bis bald,
dort, wo Seifenblasen auf Träume treffen,
damit Wunder Wirklichkeit werden können ...

Wundertütenpoet